FACULTÉ DE DROIT DE PARIS.

THÈSE

POUR LE DOCTORAT.

L'acte public sur les matières ci-après sera soutenu le 30 mai 1838, à 8 heures et demie du matin,

Par Hippolyte LOYSEL, de Cherbourg, (Manche.)

PRÉSIDENT, M. PELLAT, PROFESSEUR.

SUFFRAGANS. MM. BERRIAT SAINT-PRIX, DUCAURROY, BRAVARD, PROFESSEURS. SIMON, SUPPLÉANT.

Le Candidat répondra en outre aux questions qui lui seront faites sur les autres matières de l'enseignement.

PARIS,

IMPRIMERIE DE MOQUET ET Cie.,

RUE DE LA HARPE, 90.

1838.

A la Mémoire de mon Père.

PROŒMIUM.

DE ORIGINE ET DESUETUDINE FIDUCIÆ IN PIGNORIBUS.

Jure romano, pignus est contractus antiquissimus; verisimiliter originem suam trahit à lege XII tabularum. Quod me firmiorem facit in hâc sententiâ, non solum auctoritas Jacobi Gothofredi, sed etiam fragmentum (1) Gaii precisè excerptum ex libro sexto hujus jurisconsulti ad legem XII tab., quod definit jus pignoris.

Ex eodem fragmento, auguror pignus primùm rei duntaxat mobilis constitui. Et cùm pignus contractus erat re initus, quo res creditori ita traderetur in securitatem debiti, ut soluto debito, eadem in specie redderetur. Multa incommoda ex tali jure nascebantur, nam immobilia vel incorporalia pignerari nòn poterant; prætereà jure civili nullo modo consulebatur iis quibus res debitorum obligatæ erant, cùm possessio earum amitteretur.

His vitiis jurisconsulti remedium afferre voluerunt, et propterea ad fiduciam probabiliter confugerunt. Fiducia enim est contractus, quo res creditori mancipatur aut in jure ceditur, eâ lege, ut solutâ pecuniâ remancipetur. Igitur hoc contractu, omnes res tàm mobiles quàm immobiles, tàm corporales, quàm incorporales, ad securitatem debitoris præstari potuerunt, dummodò mancipari vel in jure cedi possent. Item possessionis amissionem, quæ antea jus pignoris extinguebat, non timuit creditor; quippè dominium acquirens per mancipationem vel in jure cessionem, rem vindicandi jus habebat, si fortè possessionem amitteret.

(1) Frag. 238. § 2. ff. De verb. signif.

Jam causas originis fiduciæ in pignoribus indicavi; superest ut causas desuetudinis referam.

Fiducia in principio magnæ utilitati fuerat debitoribus, qui per eam creditoribus suis majorem securitatem præbere potuerant. Multa tamen in se incommoda habebat, scilicet: 1° imponebat creditori exactam diligentiam ad rei traditæ custodiam; 2° possessionem adimebat debitori, qui ità rem suam meliorem facere prohibebatur; 3° solemnitates arctissimas mancipationis vel jure cessionis requirebat, quæ afferebant conventionibus graves moras et impedimenta commercio perniciosa.

Cùm verò prætor Servius in edicto suo proposuisset actionem competere iis, quibus coloni expressè obligaverant invecta aut illata in prædium rusticum, evenit ut mos vel jurisconsulti hanc actionem omnibus obligationibus extenderunt, sub nomine actionis *quasi serviana* vel *hypothecaria*.

Post hæc, facilè intelligitur contractûs fiduciæ desuetudo; omnia enim ejus commoda comprehendebat hypotheca (1), quæ ejus incommoda non habebat.

TITULUS PRIMUS.

DE PIGNORIBUS ET HYPOTHECIS, ET QUALITER EA CONTRAHANTUR, ET DE PACTIS EORUM.

Primùm animadvertendum est duo hæc verba *pignus* et *hypotheca*, alterum pro altero sæpiùs apud jurisconsultos usurpari, etsi non idem sonent. Eâdem licentiâ utar, nempè in decursu materiæ frequenter eadem juris principia pignoribus et hypothecis communia inveniuntur.

(1) Vinnius scripsit veteres consultos verbo *hypotheca usi non videri, sed latino fiducia.* Cui non assentior, mihi non dubium est quin veteres consulti verbo hypotheca usi fuerint. Etenim Gaius, qui temporibus Marci-Ælii-Antonini floruisse dicitur, librum singularem scripsit de *Formulâ hypothecariâ*. Item Marcianus æquævus Pauli quem suspicat Vinnius verbo hypotheca non usum fuisse, librum singularem fecit ad *formulam hypothecariam*.

ART. I. *Quomodo contrahatur pignus.*

Pignus propriè dictum contractus est realis, quo possessio in creditorem transit. Hic contractus tàm creditoris quàm debitoris gratiâ contrahitur, et ideò creditor præstat exactam diligentiam. Tenetur etiam, de eâ re quam accepit restituendâ, actione personali pigneratitiâ directâ. Sibi verò competit actio pigneratitia contraria adversùs debitorem, si fortè is pignus recuperaverit, aut in conventione creditorem deceperit, aut si creditor ipse in rem pigneratam impensas fecerit.

Hypotheca, Gaio auctore, per pactum conventum contrahitur, cùm quis paciscatur, ut res ejus propter aliquam obligationem sint hypothecæ nomine obligatæ. Nec ad rem pertinet quibus fit verbis: ideò si sine scripturâ quis convenerit, ut hypotheca sit, et probari poterit, res obligata erit.

ART. 2. *Quis pignus dare potest.*

Non solùm pignori dare potest is ad quem res pertinet, sed etiam is qui publicianâ uti potest. Is autem ad quem res nullatenùs pertinet pignerare non potest, nisi accedat consensus domini. Tamen si quis rem alienam pignori dederit, domino non consentiente, si postea dominium adeptus sit, exceptione doli excluditur, vel actio utilis pigneratitia contrà illum datur.

Aliquandò ii ad quos res non pertinet eam pignori dare possunt. Quocircà pignerari licet his qui rei administrandæ jus habent, ex his causis quæ fines ipsorum administrationis non egrediuntur.

ART. III. *Quandò et pro quibus obligationibus pignus constituatur.*

Pignus constituitur pro quâcumque obligatione, sive mutua pecunia detur, sive dos, sive emptio vel venditio contrahatur, vel etiam locatio, conductio, mandatum; sive pure vel in diem, vel conditionalis, vel civilis, vel honoraria, vel tantum naturalis sit obligatio.

Quum agitur de obligatione sub conditione contractâ, non existit pignus, nisi conditio exstiterit. Cùm verò de naturali obligatione agitur, ex quibus causis naturalis obligatio consistit, pignus perseverare certum est.

Quum pignus semper accedit obligationi, sequitur ut si nulla obligatio subsit, pignus non est, et hoc casu, rem quam pignori dedit debitor vindicabit.

Art. IV. *De Jure creditoris in re pigneratâ.*

Pignus propriè dictum creditori tribuit jus rei pigneratæ possidendæ atque distrahendæ, manente proprietate debitori. Hypotheca autem creditori parit actionem utilem servianam seu hypothecariam, quæ interdum pigneratitia nominatur, non verò confundenda cum actione personali ejusdem nominis, quæ competit debitori ad rem pigneratam recipiendam, cùm debitum solvatur.

Hypothecaria actio est in rem ; hinc sequitur ut adversùs quemvis possessorem rei obligatæ detur, et quidem adversùs non possidentem, si dolo fecerit quominùs possideat.

TITULUS II.

IN QUIBUS CAUSIS PIGNUS VEL HYPOTHECA TACITE CONTRAHITUR.

Senatus-consultum, quod sub Marco imperatore factum est, pignus tacitum tribuit ei qui ob restitutionem ædificii collapsi pecuniam credidit, sed hoc jus taciti pignoris is non habet, qui in navem armandam vel reficiendam, aut in exstructionem novæ domûs pecuniam mutuam dedit.

Quæ in prædia urbana inducta sunt tacite pignori esse credantur ; in rusticis prædiis soli fructus, qui ibi nascuntur tacitè sunt pignori domino fundi locati.

Notandum est hoc tacitum pignus de invectis et illatis duntaxat obtinuisse in locatione ædium quæ in utrâque Româ aut in earum territorio essent. Sed Justianus hoc jus ad provincias porrigi voluit.

Tacitum pignus locatoris non comprehendit omnia illata vel inducta, sed ea sola quæ ut ibi sint illata fuerunt. Et hæc non solum pro pensionibus obligantur, sed etiam teneantur pro debito quod ex causâ locationis inquilinus debet. Si is igitur deteriorem fecerit habitationem culpâ suâ, inventa et illata erunt obligata in id quod ex actione locati debitor erit.

Si cænacalarius ædes ipsi locatas ablocaverit, ab inquilino invecta et illata in eam summam duntaxat tenebuntur in quam cænaculum conduxerit. Cùm enim is res suas intulit in cænaculum, videtur tacitè cum domino ædium convenisse, ut pro parte pensionis a cænaculario debitæ pignori essent, usque ad summam quam huic cænaculario deberet.

Sunt adhuc alia tacita pignora, scilicet : 1° Fiscus tacitum pignus habet in bonis debitorum suorum; 2° item pupillus in rebus quæ ex suâ pecuniâ emptæ sunt et in rebus tutorum curatorumve ob eorum administrationem; 3° bona quoque patris sunt tacite obligata liberis, quos in potestate habet pro conservatione bonorum maternorum, quæ ad liberos pertinent; 4° bona vitrici tacitè obligantur ratiociniis tutelæ, cùm mater, quæ liberorum suorum tutelam susceperat, ad secundas nuptias convolat; 5° ex constitutione Justiniani, tacitum datur pignus uxoribus pro restitutione dotis in bonis mariti; 6° militia acquisita ab argentariis vel eorum filiis tacitè obligatur creditoribus, qui præsumuntur pecuniam præbuisse ad militiam comparandam; 7° deniquè Justinianus dedit tacitum pignus legatariis et fidei commissariis in bonis defuncti.

TITULUS III.

QUÆ RES PIGNORI VEL HYPOTHECÆ DATÆ, OBLIGARI NON POSSUNT.

ART. 1. *Quæ res pignori datæ obligari possint?*

Non solum res corporales, sed etiam incorporales pignori dari possunt, dummodò à creditore venditionem recipiant. Quamobrem statuliber, superficies in alieno solo posita, ususfructus pignerari possunt. Circà tamen jus ipsum ususfructus pignerari non potest, sed solùm facultatem fructus percipiendi; nam jus ipsum personale est, id est cohæret personæ ita ut vendi non possit.

Secùs obtinet circà servitutes prædiales, cùm debitor concedit creditori vicino servitutem in suo fundo, eâ lege ut vendi possit vicinis, quibus utilis esset servitus, si debitum non solveretur. Hæc conventio contrà strictam juris rationem admissa est; servitutes enim prædiales ad tempus constitui non debeant.

Jura prædiorum urbanorum pignori dari non possunt, ex lege 11. §. 3. ff. tit. de Pign. et Hyp. Hanc sententiam probo erga servitutes urbanas, quæ strictam viciniam recipiunt : putà, jus tigni immittendi, jus fluminis aut stillicidii avertendi vel non avertendi; etenim hæc jura nemini utilia sunt, nisi illi cui constituantur. Circà autem jura urbana, quæ pluribus vicinis utilia esse possunt; V. G. jus altiùs non tollendi, jus prospectûs, etc.; non video cur ea pignori dari non liceat, veluti jura prædiorum rusticorum, cùm eadem ratio subsit.

Si strictum jus attenderetur, obligationes oppignerari non posse viderentur; pignus enim propriè dictum traditionem requirit. Tamen si convenerit ut nomen debitoris pignori sit creditori, tuenda est à prœtore hæc conventio. Imò etiam tuetur conventio, quâ pignus pignori datur, ita ut secundo creditori actio detur utilis, quandiù is in pignoris causâ manet. Soluto autem debito, pro quo constitutum fuit primum pignus, utrumque pignus evanescit. Magna autem differentia est inter casum quo debitori facta est solutio et eum quo facta fuit creditori secundo, cui pignus pignori datum est. Primo casu, utrumque pignus evanescit; posteriori contrà, si quidem pecuniam debet is cujus nomen pignori datum est, exactâ eâ, secundus creditor hanc imputabit in id quod primus creditor illi debet; si verò pecunia non debeatur, sed corpus, illo soluto, pignoris loco erit secundo creditori.

Quæ nondum sunt, pignori dari possunt. Quare fœtus pecorum, partus ancillarum, fructus pendentes, et cœtera ejusdem generis obligari possunt. Hæc omnia sæpiùs obligantur tanquam accessoria, nam quod ex re pigneratâ nascitur, vel quod rei pigneratæ initur consolidaturve, hujus rei pignori accedit. Idcircò usufructus qui nudæ proprietati accrescit, alluvio quæ fundo accedit, insula, domusve in areâ exstructa sæpissimè pignori sunt ut accessoria rei pigneratæ.

Art. 2. *Quæ res pignori dari non possint?*

Res quarum commercium non est, jure pignoris accipi non possunt. Igitur res divini juris, liber homo, spes præmiorum, quæ pro coronis athletis præstanda sunt, pignori esse prohibentur.

Prœdium litigiosum, jus pignoris non recipit, quia hoc casu, exceptio rei litigiosæ datur. Huic sententiæ obstare videtur ex 18 ff. tit. de rei vindi. Sed facilis est conciliatio. Nam lex 1. §. 2. ff. tit. quæ res pign. vel hyp. sic accipienda de his causis, quibus res litigiosa alienari potest, et hæ causæ frequentes sunt in legislatione Pandectarum, rariores verò in legislatione codicis, ubi Justinianus vetuit res litigiosas quibus libet titulis alienari, exceptis tamen dotis, donationis propter nuptias, transactionis, divisionis, legati et fideicommissi titulis.

TITULUS IV.

QUI POTIORES IN PIGNORE VEL HYPOTHECA HABEANTUR, ET DE HIS QUI IN PRIORUM CREDITORUM LOCUM SUCCEDUNT.

Art. I. Qui potiores sint in pignore vel hypothecâ?

Circa hanc materiam duæ sunt regulæ generales, scilicet :

Qui prior est tempore, potior est jure : qui concurrunt tempore, concurrunt jure.

Sect. I. Qui prior est tempore, potior est jure.

Quod ad tempus attinet, nihil refert utrum pignoris conventio sit, pura an in diem aut etiam sub conditione, modò non in potestate sit debitoris an res obligata sit necne. Undè, si in diem de hypothecâ convenit, licèt posteà cum alio creditore de eâdem purè convenerit debitor, non dubium est quin potior sit primus creditor. Item si hæres rem pignori dedit legatario conditionali, et posteà eadem ob pecuniam creditam purè obligaverit, et conditio legati exstiterit, potior erit legatarius.

Quandiù autem in potestate sit debitoris an res pignori obligata sit, pignus constitutum videri non potest. Indè si colonus convenit ut inducta in fundum pignori essent, et antequam inducat rem alii pignori dederit, et posteà eam in fundum locatum induxerit, potior erit secundus creditor, quia non antè locatori pignori deberet res, quam induceretur in fundum, et in potestate coloni esset, ut eam inferret in fundum.

Cœterùm regula, prior tempore, prior jure duas exceptiones patitur: 1° si tecum debitor de hypothecâ paciscatur, et deindè eadem res pignori dederit, te volente consentienteve, secundus creditor potior erit.

2° Cùm de privilegiatis hypothecis agitur, prioritas non computatur ex tempore. Igitur, si quis crediderit ad rem conservandam, veluti ad navem armandam, vel reficiendam, vel ad notas alendos, prioritatem habebit ergà alios creditores hypothecarios. Pariter, si quis crediderit ad rem comparandam, omnibus creditoribus hypothecariis licet anterioribus, antefertur. Item, is qui credidit ob restitutionem ædificiorum habet hypothecam tacitam et privilegiatam. Mulieri etiam ex constitutione Justiniani, tacitam hypothecam competit pro dotis repetitione; et præfertur creditoribus hypothecariis, licet anterioribus; imò quidem ex novella XCVII., cap. 2. præfertur omnibus privilegiatis, excepto eo cum cujus pecuniâ militia comparata fuit.

Sect. 2. *Qui concurrunt tempore, concurrunt jure.*

In hâc regulâ notandum est adversus extraneos æqualem esse causam eorum quibus eadem res simul obligata est. Inter ipsos autem non in dubium venit quin melior sit possidentis causa; datur enim possidenti hæc exceptio, si ut eadem res mihi quoque pignori esset.

Duo casus sunt quibus exceptionem recipit nostra regula: 1° cùm creditor partem obligationis sub pignoribus contractæ vendit; nam quamvis pro parte quam retinuit, concurrat tempore et causâ cum emptore, tamen potior est, quia verisimile est id inter emptorem et creditorem actum fuisse.

2° Fiscus præfertur omnibus, quibuscum tempore concurrit.

Art. II. *De his qui in locum priorum creditorum succedunt.*

Is cum cujus pecuniâ prior creditor dimissus est, succedit in ejus pignus, modò pactus sit ut res sibi esset pignori. Si autem ita contractum sit: *pecuniam præbeo, ut antecedens creditor dimittatur*, is qui ita contraxit, in jus prioris creditoris non succedet, quamvis primus creditor ex pecuniâ creditâ solutus fuerit. Ratio est, quia non fuit pactum de succedendo in jus pignoris (1).

Ut pactum de succedendo in jus pignoris validum sit, oportet debitorem adhùc dominum esse rei obligatæ. Itaque si rem pignori datam vendiderit et tradiderit debitor; deindè tu huic mutuasti pecuniam eâ lege, ut solveretur primus creditor, et in locum ejus succederes, constat te nihil egisse, quia rem alienam pignori acceperis.

Non solùm quis in alieni locum succedere potest, sed etiam in suum proprium locum. Hinc debitor primâ conventione à Mævio mutuam pecuniam acceperat sub certis pignoribus; secundâ conventione, hæc pignora tertio dedit; deindè Mævius nomen suum novavit sub iisdem pignoribus quæ anteà habebat, non dubium est quin potior sit.

TITULUS V.

De distractione pignorum et hypothecarum.

Eo potissimè tendit contractus pignoris ut rem obligatam distrahere possit creditor, ad id consequendum ex pretio quod sibi debetur. Verò quod ad venditionem pertinet necessariæ sunt plures distinctiones: aut creditor et debitor pacti sunt de pignore vendendo aut de pignore non vendendo à creditore, aut nihil expressè pacti sunt. Primo casu, servanda sunt pacta conventa, nec refert initio contractûs an posteà facta sint. Secundo casu, creditor pignus vendere non potest, nisi priùs debitori, testibus adhibitis, ter denuntiaverit ut solvat, et post ternam denuntiationem, debitore non solvente, pignus vendet. Tertio casu, creditor ter antè denuntiat debitori suo ut pignus luat, et deindè vendet (2).

(1) Aliquandò tamen hoc pactum sub-audiendum est, ut in leg. 17. h. tit.

(2) Sed Justinianus sancivit ut creditor ex denuntiatione debitori factâ vel ex sententiâ judicis, post biennium ex die denuntiationis, vel ex sententiâ judicis, poterit pignus vendere. L. fin. § 1. cod. de jur. dom. impetr.

Creditor qui potior est in pignore rem pigneratam distrahere potest, et arbitrio suo permittitur, ex pignoribus sibi obligatis, quos velit distrahere (1).

Secundo creditori jus distrahendi non est quandiu primus existit. Si vendendi potestatem adipisci velit, primum dimittere aut in locum ejus succedere debet.

Ipse quidem debitor, non interveniente creditore, rem pigneratam alienare potest, quippè dominium rei retinet. Sed post hanc alienationem, pignus incorruptum manet, nam jure domini, non jure pignoris facta est alienatio.

Non pro sorte tantùm, sed etiam pro usuris atque impensis pignus ex pactione expressâ vel tacitâ rectè venit. Et quidem quandiù non est integra pecunia creditori numerata, distrahendi rem obligatam facultatem non amittit.

Creditor tunc demùm distrahi potest, cùm dies solvendæ pecuniæ venit; si priùs vendendi potestas exerceatur, non jure venditio fit.

Generaliter quicunque commercium habet, rem obligatam à creditore jure pignoris eam distrahente emere potest. Ipse autem debitor frustrà emit pignus quod dedit, quia rei suæ nulla emptio est. Sed nihil prohibet quin creditor emat à debitore volente (2).

Secundus creditor pignus à priore consequi potest. Sed in hâc emptione intelligitur pecuniam dedisse magis ad pignus suum servandum, quàm ad dominium acquirendum; ideo ei a debitore offerri potest. Idem de fidejussore placuit.

Venditione pignoris ritè peractâ, dominium ad emptorem transfertur, si res tradita fuerit et pretium solutum. Tunc debitori vel secundo creditori non licet, oblatâ pecuniâ, rem recuperare, nisi minor sit annis viginti quinque debitor, aut pupillus, aut reipublicæ causâ absens, aut in aliquâ earum causâ sit ex quibus edicto *de in integrum restitutionibus*, succurritur.

(1) Ex constitutione Diocletiani et Maximiani, si aliæ res specialiter, aliæ generaliter obligatæ fuerint, ab his quæ specialiter incipiendum. L. 28. cod. h. tit.

(2) Secùs in fiduciâ; nam in hoc contractu dominium creditori acquiritur.

Circà creditorem, qui pignus vendidit tractari potest an re evictâ, teneatur ex empto? respondendum non teneri. Nihil debet præter traditionem rei et præstationem actionum quas adversus debitorem possidet.

Quantùm creditor ex pignorum distractione recepit, tantùm debitor liberatur. Itaque creditor, qui non idoneum pignus accepit, non amittit exactionem ejus debitæ quantitatis, in quam pignus non sufficit.

Quid autem si res aliena pignori data fuerit et creditor eam vendiderit, et ex pretio suum receperit? distinguendùm utrùm creditor vendiderit eâ lege ut evictionis nomine non obligaretur, an contrà. Primo casu, debitor liberature, tsi emptor evincatur. Equiùs est enim pretium ab emptore creditori solutum, debitori proficere, quam cedere lucro creditoris, qui de evictione non tenetur. Secundo casu, liberatio in suspenso habetur usque ad evictionem. Sed si res evicta sit, et creditor actione ex empto conventus sit, debitor non liberatur.

TITULUS VI.

Quibus modis pignus vel hypotheca solvitur.

Pignus solvitur quinque præcipuis modis, 1° principalis obligationis extinctione; 2° creditoris consensu; 3° soluto jure constituentis; 4° rei pigneratæ interitu; 5° denique longi temporis præscriptione.

Art. 1. *Extinctione principalis obligationis solvitur pignus.*

Quum pignus ad id obligatum sit ut securitas quædam vel cautio creditori præstaretur, sequitur ut iisdem modis solvatur, quibus extinguitur obligatio cui accedit. Proinde solutione integrâ factâ perimitur pignus; si autem pars tantùm debiti sit soluta, tota res manet obligata; adeò ut is qui pignori plures res accepit, non cogatur unam liberare, nisi accepto toto debito.

Cæterùm non interest an ipse debitor solverit, an extraneus pro eo. Hoc tamen posteriori casu, pignus ad extraneum qui solvit non transfertur, nisi creditor pecuniam accipiens jus obligationis vendiderit, quia manent omnes integræ obligationes, cùm pretii loco solutio accepta fuerit non solutionis nomine.

Quum principalis obligatio novatione extincta est, sequitur ut novatio pignus perimit, nisi conveniatur ut pignus servetur.

Res judicata aut jusjurandum, aut obsignatio personalem actionem excludens, jus pignoris etiam solvit.

ART. II. *Consensu creditoris perimitur pignus.*

Quùm sibi consuluerit in accipiendo pignore creditor, et cuilibet liberum sit aliquod detrimentum ex suâ voluntate recipere, sequitur ut creditori capaci pignus abjicere liceat. Quarè nudum pactum pignoris remittendi jus ipsum pignoris excludit. Non autem semper necessarium est pactum expressum, sæpè ex tacito pacto remissio intelligitur. Hinc si creditor satisfactus fuerit, solvitur pignus, quia sibi imputare debet creditor, qui satisfactionem admiserit vice solutionis. Item pignoris remissio inducitur ex consensu creditoris rei pigneratæ alienationi. Et nihil refert an prævius sit consensus an secutus fuerit alienationem, sufficit enim creditorem ratum habuisse venditionem. Parvi etiam refert utrùm consensus expressus fuerit, an ex aliquo facto inducatur, utrùm pro toto an pro parte divisâ vel indivisâ intervenerit.

Cæterùm ut ex consensu alienationi dato remissio contingat, oportet primò secutum esse effectum secundum contrahentium voluntatem, id est contractum perfectum esse et valere. Secundò oportet legem alienationis à creditore dictam servari.

ART. 3. *Soluto jure constituentis, solvitur pignus.*

Est juris regula generalis, scilicet *resoluto jure dantis, resolvitur jus accipientis.* Vinnius negat hanc regulam pignori accommodari posse, alioquin, inquit, *nulla non alienatione rei necesse pignus finiri.* Hæc conclusio mihi videtur falsa; nam per venditionem aut per donationem, non resolvitur jus venditoris donatorisve; imò contrà ad emptorem vel ad donatorium transfertur. Proindè non mirum est pignus non finiri per venditionem aut donationem à debitore factam.

Quid juris, si venditio sub conditione resolutivâ facta sit, et emptor rem pigneraverit, et conditio extiterit? Non dubium est quin pignus solvatur, cùm resolvitur jus emptoris. Quid verò dicendum sit, si res vendita cum pacto retrovendendi ab emptore pignori obligata sit, et venditor posteà, oblato pretio, præscriptis verbis aut ex vendito agat? Respondendum pignus non solvi.

Ut bona fides servaretur, regula resoluto jure dantis, resolvitur jus accipientis, aliquandò excludatur hâc aliâ regulâ, *non posse jus alicui semel quæsitum, voluntate ejus per quem illud quæsitum est, illi auferri.* Indè cùm res sic distracta sit, *nisi emptori displicuisset;* pignus quod ille emptor constituit, finiri non potest conditionis eventu.

An hypotheca constituta in rebus avocatis ob læsionem dimidiæ partis justi pretii extinguatur? Hæc questio interpretes dividit. Ego sententiam Baldi probo, qui affirmat jus pignoris resolvi. Etenim contractus venditionis rescinditur, et per hanc rescisionem jus emptoris solvitur. Parvi interest an facultas sit emptori quod deest justo pretio supplendi; nam hæc facultas non facit ut jus pignoris, quod dedit emptor, suâ solâ voluntate auferatur.

Art. 4. *Interitu rei pigneratæ, jus pignoris solvitur.*

Jus pignoris accessorium est rei principalis, quâ extinctâ extinguitur pignus. Item jus pignoris sine re, quæ affectatur jure, intelligi non potest. Nec refert an res omnimodo extincta fuerit, an in speciem novam transierit, veluti si quis caverit ut lana sibi pignori esset, veste ex eâ lanâ factâ, pignus extinguitur.

Art. 5. *Præscriptione longi temporis solvitur pignus.*

Usucapio pignoris conventionem non perimit; solæ enim res corporales usucapionem recipiunt. Sed potest excludi jus pignoris per præscriptionem longi temporis. Imò ex constitutione Honorii et Theodosii, introducta est præscriptio trigenta annorum, in casibus quibus præscriptio longi temporis prodesse non potest.

TITRE DIX-HUITIÈME.

DES PRIVILÉGES ET DES HYPOTHÈQUES.

CHAPITRE PREMIER.

DISPOSITIONS GÉNÉRALES.

Tous les biens mobiliers et immobiliers, présents et futurs d'une personne obligée sont le gage commun de ses créanciers. Cette règle générale reçoit toutefois quelques exceptions mentionnées dans les art. 581, 582, 592, Code de procédure, et dans une loi du 8 nivôse, an VI.

Lorsque les biens d'un débiteur sont vendus, le prix s'en distribue par contribution entre les créanciers, à moins qu'il n'y ait entre eux quelque cause de légitime préférence. Et les seules causes de légitime préférence sont les priviléges et les hypothèques.

CHAPITRE II.

Des priviléges.

Suivant l'article 2095, le privilége est un droit que la qualité de la créance donne au créancier d'être préféré aux autres créanciers, même hypothécaires. Cette définition s'applique parfaitement aux priviléges généraux, mais souvent elle manque d'exactitude à l'égard des priviléges spéciaux, qui sont souvent primés par l'hypothèque.

La règle *prior tempore, prior jure* n'est pas applicable aux créanciers privilégiés ; entre eux la préférence se règle par les différentes qualités des priviléges ; ceux qui sont dans le même rang sont payés par concurrence.

Les priviléges peuvent être sur les meubles et les immeubles, ou sur les meubles seulement, ou sur les immeubles seulement. Nous parlerons de chacune de ces divisions dans des sections séparées.

Sect. 1re. *Des priviléges sur les meubles et les immeubles.*

Cette classe de priviléges pouvant s'étendre aux meubles et aux immeubles, porte le nom de priviléges généraux. Ces priviléges sont au nombre de cinq : 1° les frais de justice ; 2° les frais funéraires ; 3° les frais quelconques de dernière maladie ; 4° les salaires des gens de service ; 5° les fournitures de subsistances faites au débiteur et à sa famille.

§. II. *Privilége des frais de justice.*

Par frais de justice, on ne doit pas entendre tous les frais faits *in judicio*, mais seulement ceux qui sont faits dans l'intérêt commun des créanciers, tels que les frais de saisie, de scellés, de vente, de liquidation, etc. On a douté si les frais d'inventaire devaient être privilégiés, parce que, disait-on, ils ne sont pas faits *in judicio* ; mais on a reconnu qu'ils devaient être considérés comme frais de justice, puisqu'ils ont lieu dans l'intérêt de la masse.

§. II. *Privilége des frais funéraires.*

Dans notre ancienne jurisprudence, on distinguait deux classes de frais funéraires. La première, appelée frais de premier ordre, comprenait les dépenses faites pour le port du corps et l'ouverture de la fosse ; elle prenait rang immédiatement après les frais de justice. La seconde, appelée frais de second ordre, comprenait tous les autres déboursés nécessaires pour les funérailles ; elle se payait concurremment avec les frais de dernière maladie.

Cette jurisprudence ne doit pas être suivie aujourd'hui. Le Code n'assignant qu'un privilége unique pour les frais funéraires, on ne saurait le scinder sans tomber dans l'arbitraire.

Le deuil de la veuve fait-il partie des frais funéraires ? Le Code ne s'expliquant pas sur ce point, il est bien difficile de se prononcer, surtout si l'on considère que les anciens docteurs n'étaient pas plus d'accord sur cette question que ne le sont les auteurs modernes. Cependant nous préférons l'opinion de ceux qui accordent le privilége.

Une autre question bien controversée est celle de savoir si celui qui a avancé les frais funéraires sans stipuler de subrogation à son profit, peut réclamer son remboursement par privilége. Selon nous, cette question peut être envisagée sous deux points de vue divers, et, suivant que l'on adoptera l'un ou l'autre, on aura une solution différente. Si l'on raisonne *de apicibus juris*, on refusera le privilége, parce que la subrogation n'ayant pas été stipulée, la créance pour frais funéraires s'est trouvée éteinte par le paiement, et celui qui l'a payée n'a aucune autre ressource que l'action *negotiorum gestorum*. Si, au contraire, on se détermine par des considérations d'intérêt public et de haute convenance, on accordera le privilége.

§ III. *Privilége des frais de dernière maladie.*

Ce privilége est, comme le précédent, fondé sur une raison d'humanité. Il comprend les honoraires du médecin ou du chirurgien, le prix dû aux pharmaciens et aux gardes pour leurs soins et leurs fournitures.

L'ancienne jurisprudence n'accordait le privilége qu'autant que le malade avait succombé. Le Code a repoussé cette jurisprudence absurde ; il ne dit pas : les frais quelconques de *dernière maladie* ; il dit : les frais quelconques de *la dernière maladie*, expression qui s'applique aussi bien aux frais de la maladie dont le malade est mort, qu'aux frais de la maladie qui a précédé la faillite ou la déconfiture du débiteur. En effet, quelle raison plausible de différence y a-t-il entre les deux cas? Un médecin qui a rendu la santé à son malade doit-il être regardé avec moins de bienveillance que celui qui n'a pu l'arracher à la mort? Et la garde qui a donné ses soins à un homme qui se rétablit doit-elle être de pire condition que celle qui a donné ses soins à un malade qui a succombé?

§ IV. *Privilége des salaires des gens de service.*

Dans notre ancien droit, ce privilége existait à Paris seulement, en faveur des domestiques de ville à l'année. La loi de brumaire, an VII, étendit cette faveur à tout domestique sans distinction ; et le

Code civil, entrant dans une extension encore plus large, l'étendit non-seulement aux domestiques, mais aux gens de service.

La loi donne le privilége pour l'année échue et pour ce qui serait dû sur la suivante. Cette expression *pour l'année échue* indique clairement que le Code entend parler exclusivement des gens de service qui se louent à l'année. Nous avouerons que nous n'apercevons point la raison d'une pareille limitation. Une personne qui loue ses services au mois nous paraît aussi digne de faveur que celle qui les loue à l'année. Cependant, enchaîné par la lettre de la loi, nous ne pouvons lui accorder le privilége. Ainsi, selon notre opinion, une femme de ménage à tant par mois ne serait pas privilégiée; autrement il faudrait aller jusqu'à décider qu'elle pourrait réclamer par privilége vingt-trois mois de gages, si elle avait eu la précaution d'interrompre la prescription dont parle l'article 2171. Or, un tel résultat nous paraîtrait souverainement injuste; car cette femme serait en faute. Elle pouvait, dès les premiers mois, abandonner le service d'une personne qui ne la payait pas; en continuant son service, elle est censée avoir voulu suivre la foi de son débiteur.

§ V. *Privilége des marchands et des maîtres de pension.*

Les marchands en détail ayant l'habitude de se faire payer à des époques plus rapprochées que les marchands en gros, c'est avec raison qu'on a limité le privilége de ceux-ci aux fournitures de subsistances faites pendant la dernière année, tandis qu'on a restreint le privilége des marchands en détail aux fournitures faites pendant les six derniers mois au débiteur et à sa famille.

Que doit-on entendre par le mot *subsistances*? On doit entendre tout ce qui est nécessaire à la nourriture du débiteur. On devrait donc accorder le privilége pour le bois dont le prix serait encore dû; car sans cela, il est impossible de préparer nos aliments, de se nourrir. Nous croyons même qu'on ne retrancherait pas du mémoire du marchand la valeur du bois que le débiteur aurait consommé pour se préserver des rigueurs de l'hiver, pourvu que la consommation ne fût pas excessive.

§ VI. *Rang des priviléges généraux entre eux, ou en concours avec les priviléges sur certains immeubles ou sur certains meubles.*

La loi a expressément déterminé le rang des priviléges généraux entre eux ou en concours avec les priviléges sur certains immeubles. Il nous suffit donc, pour le premier cas, de renvoyer à l'art. 2101, qui les classe suivant l'ordre de leur énumération; et, pour le second, à l'art. 2105, qui donne la préférence aux priviléges généraux sur les priviléges spéciaux énoncés dans l'art. 2103 (1).

Il me reste à parler du rang des priviléges généraux en concours avec les priviléges sur certains meubles. Sur ce point délicat, le Code garde un silence absolu et laisse une lacune bien difficile à remplir. Nous croyons cependant entrer dans les vues du législateur en déterminant la classification de chaque privilége selon le degré de faveur que chacun en particulier peut mériter d'après les principes généraux de la législation.

Ces principes, envisagés sous leur véritable point de vue, nous font donner la préférence à tous les priviléges spéciaux sur les priviléges généraux, sauf les deux exceptions suivantes : 1° les frais de justice viendront par préférence à tous les priviléges sur certains meubles (2); 2° les frais funéraires primeront le privilége du locataire et de l'aubergiste. Hors ces deux cas, toutes les fois qu'un privilége général se trouvera en concurrence avec un privilége spécial sur les meubles, ce dernier aura la priorité.

Section II.

Des priviléges sur certains meubles.

L'article 2102 énumère sept priviléges spéciaux sur les meubles. Nous parlerons de chacun d'eux en particulier dans des paragraphes séparés.

(1) Le privilége des créanciers qui ont obtenu la séparation des patrimoines ne se trouvant pas compris dans l'art. 2103, aura la préférence sur tous les priviléges généraux, celui des frais de justice excepté.

(2) Sauf l'application de l'art 662 du Code de procédure.

§ I. *Privilége du locateur.*

Ce privilége n'est pas seulement attribué au propriétaire, mais à tout locateur, à toute personne faisant son profit du bail ; il est accordé pour tout ce qui concerne l'exécution du bail, tels que loyers, fermages, dégradations ; il prend une extension plus ou moins large, selon que le bail est ou authentique, ou sous seing privé avec date certaine, ou sous signature privée sans date certaine, ou simplement verbal. Dans les deux premiers cas, on l'accorde pour tout ce qui est échu ou à échoir, sauf aux autres créanciers du locataire à faire leur profit du bail en payant au propriétaire tout ce qui pourrait lui être dû, si les meubles du locataire n'avaient pas suffi au paiement des termes échus. Dans les deux derniers cas, le bailleur est privilégié pour tout ce qui est échu et pour une année à partir de l'expiration de l'année courante.

Le privilége du bailleur d'héritages ruraux frappe trois espèces de choses : 1° les fruits de la récolte de l'année ; 2° le prix de tout ce qui garnit la ferme ; 3° tout ce qui sert à l'exploitation de la ferme. Si le mobilier qui garnit la ferme a été déplacé sans le consentement du propriétaire, celui-ci peut le revendiquer dans le délai de quarante jours à partir du déplacement.

Quant au locateur de maisons, il exerce son privilége sur tout ce qui garnit la maison louée. La question de savoir si telle ou telle chose doit être considérée comme garnissant la maison, et si le propriétaire a dû la prendre en considération pour le paiement des loyers, est très-souvent une question plutôt de fait que de droit, dont l'appréciation est abandonnée à la sagesse du juge.

Le propriétaire d'une maison pouvant ordinairement veiller avec facilité au déplacement des meubles qui la garnissent, on lui accorde seulement quinze jours pour faire réintégrer les choses qui auraient été déplacées sans son consentement exprès ou tacite.

§ II. *Privilége du créancier gagiste.*

Ce privilége a cela de particulier qu'il ne résulte pas de la *qualité* de la créance, mais de la convention des parties. Ainsi, quelle que soit la cause de la créance pour sûreté de laquelle le gage a été consenti, le privilége aura lieu pendant tout le temps que le créancier conservera la possession de la chose engagée.

§ III. *Privilége des frais faits pour la conservation de la chose.*

Ces mots *pour la conservation de la chose*, ont une grande portée; ils embrassent tous les frais faits dans le but de la préserver d'accidents, de la sauver d'un péril présent, de lui épargner une détérioration. Le privilége étant attaché aux frais de conservation, il s'ensuit qu'il n'aurait pas lieu pour des dépenses de simple amélioration: celui qui les aurait faites aurait seulement un droit de rétention jusqu'à ce qu'il fût remboursé.

§ IV. *Privilége du vendeur.*

Le vendeur de meubles peut pourvoir à sa sûreté de trois manières, savoir: par le droit de revendication, par l'exercice d'un privilége, par le droit de résolution du contrat de vente.

Le vendeur non payé a le droit de revendication dans le cas de vente sans terme, tant que la chose vendue est en la possession de l'acheteur, pourvu qu'il l'exerce dans la huitaine de la livraison, et que la chose soit dans le même état que lors de la tradition. En accordant le droit de revendication, le Code a suivi avec trop de complaisance la distinction établie par le droit romain entre les ventes à terme et les ventes sans terme. Chez les Romains, le vendeur à terme transférait la propriété par la tradition; il lui restait seulement l'action personnelle *ex vendito*, si le prix ne lui était pas payé. Dans les ventes sans terme, au contraire, la propriété n'était transférée par la tradition qu'autant que l'acheteur payait le prix; s'il ne le payait pas, le vendeur étant demeuré propriétaire, il pouvait revendiquer. Dans notre droit, les principes ne sont plus les mêmes. Que la vente soit à terme ou pure et simple, la propriété est transférée par le seul consentement des parties sur le prix et sur la chose, art. 1583. Dès-lors, il ne fallait pas accorder la revendication qui ne se donne jamais contre le propriétaire ; ou du moins, si on l'accordait, on ne devait pas distinguer entre la vente à terme et la vente pure et simple ; si on dérogeait aux véritables principes dans un cas, on devait y déroger dans l'autre, sinon on détruit toute harmonie dans les dispositions de la loi.

Le privilége du vendeur, a lieu sans distinction entre les ventes à terme et les ventes sans terme, sur le prix des effets mobiliers non payés, s'ils sont encore en la possession du débiteur. De ces mots effets mobiliers, quelques auteurs ont conclu que le privilége ne s'appliquait pas au prix des choses incorporelles. Mais cette interprétation ne peut se soutenir devant l'art. 535, qui embrasse dans la généralité de cette expression (*effets mobiliers*), tout ce qui est censé meuble, par conséquent les meubles corporels comme les meubles incorporels.

Enfin, le vendeur non payé a le droit de provoquer la résolution de la vente, et de se faire autoriser à reprendre la chose vendue, à moins qu'elle n'ait été aliénée par l'acheteur, ou que celui-ci ne soit un commerçant en faillite.

§ V. *Privilège des aubergistes.*

L'aubergiste est privilégié pour ses fournitures sur les objets apportés par un voyageur dans l'auberge. Ce privilége est fondé sur le nantissement, et a beaucoup d'analogie avec celui du bailleur. Aussi la plupart des règles relatives au privilége de ce dernier, s'appliquent-elles à celui de l'aubergiste.

§ VI. *Privilège du voiturier.*

Les sommes dues aux voituriers pour transport de marchandises et autres accessoires, tels que déboursés pour en assurer la circulation ou la conservation, sont privilégiées sur les choses voiturées. Ce privilége étant fondé sur le nantissement, se perd dès que le voiturier s'est dessaisi sans faire les protestations et demandes convenables.

§ VII. *Privilège sur le cautionnement des fonctionnaires publics.*

Le dernier privilége sur certains meubles, est celui qui résulte des condamnations obtenues contre les fonctionnaires publics pour abus et prévarications, sur les fonds de leur cautionnement et sur les intérêts qui en peuvent être dûs.

Si le trésor public a été lésé par suite de l'abus ou de la prévarication du fonctionnaire, il est traité comme les particuliers, c'est-à-dire qu'il vient par concurrence avec les autres créanciers placés dans le même cas; mais il est primé par les particuliers lésés par la prévarication, s'il s'agit d'amendes; car les particuliers combattent *pro damno vitando*, tandis que le trésor réclame le résultat d'une punition et non la réparation d'un tort.

§ VIII. *Rang des priviléges sur certains meubles entre eux.*

Avant tout, il est nécessaire de faire observer qu'il ne peut y avoir de concours entre les priviléges qui résultent du nantissement, tels que celui du bailleur, du créancier gagiste, de l'aubergiste et du voiturier. Il ne pourrait y avoir de concours entre eux, qu'en cas de déplacement, et alors, il ne s'agirait plus de privilége; il y aurait seulement à examiner l'étendue du droit de revendication accordé au locateur.

Il est également évident que le privilége sur les fonds du cautionnement de fonctionnaires publics ne peut concourir avec aucun des priviléges spéciaux sur les meubles.

Notre tâche se réduit donc à déterminer le rang des créances provenant des frais faits pour la conservation de la chose et celui du vendeur, en concours avec tous les priviléges dont parle l'article 2102, excepté celui qui grève les fonds du cautionnement du fonctionnaire public.

Cela posé, nous ne balançons pas à donner le premier rang au privilége des frais de conservation, sur celui du vendeur et tous les autres provenant du nantissement. Toutefois, à l'égard de ces derniers, nous faisons une distinction qui nous semble commandée par la pénultième disposition du paragraphe IV de l'article 2102. Si les frais de conservation ont eu lieu avant le nantissement, nous donnons la priorité aux créanciers nantis, dans le cas où ils auraient ignoré qu'ils fussent encore dûs ; si, au contraire, ils ont su, lors du nantissement, que les frais de conservation n'étaient pas payés, nous rentrons dans la règle générale et nous préférons les frais de conservation.

Quant au privilége du vendeur, il est primé non seulement par les frais de conservation, mais encore par tous les créanciers nantis, à moins qu'il ne soit prouvé que ceux-ci savaient que le prix de la chose était encore dû lorsqu'ils ont été nantis.

SECTION III.

DES PRIVILÉGES SUR CERTAINS IMMEUBLES.

§ I. *Privilége du vendeur.*

Le vendeur est privilégié sur l'immeuble vendu pour le paiement du prix et des intérêts qui en peuvent être dûs. S'il y a eu plusieurs ventes successives dont le prix soit dû en tout ou en partie, le premier vendeur est préféré au second, le deuxième au troisième, et ainsi de suite.

Si le vendeur ne peut obtenir le paiement de son prix, soit parce qu'il a laissé éteindre son privilége, soit parce que d'autres créanciers ont eu la préférence sur lui, il peut provoquer la résolution du contrat de vente, en vertu des articles 1184, 1654.

§ II *Privilége du prêteur de deniers pour l'acquisition d'un immeuble.*

Ce privilége est le même que celui du vendeur; seulement il s'exerce en sous ordre par voie de subrogation. Cette subrogation peut avoir lieu de deux manières : 1° lorsque le vendeur recevant son paiement d'un tiers, le subroge expressément contre l'acheteur. Dans ce cas, il n'est pas besoin de toutes les formalités dont parle le paragraphe 2 de l'article 2103 ; 2° lorsque l'acquéreur empruntant de l'argent pour payer son acquisition, subroge le prêteur aux droits du vendeur. A cet effet, la loi voulant prévenir la fraude, exige qu'il soit authentiquement constaté par l'acte d'emprunt que la somme empruntée était destinée à payer le vendeur, et que la quittance authentique donnée par ce dernier, constate que le paiement a eu lieu avec les deniers empruntés.

§ III. *Privilége des co-héritiers et co-partageants.*

Le désir de maintenir l'égalité dans les partages est la base du privilége accordé aux co-héritiers ou autres co-partageants sur les biens de la succession, pour la garantie des partages faits entre eux, pour la sûreté des paiements des soultes ou retours de lots, et pour le prix de la licitation. Néanmoins, le privilége pour le prix de la licitation n'affecte pas tous les immeubles de la succession, mais seulement l'immeuble licité. De plus, si c'est un tiers qui se rend adjudicataire, le privilége sera celui du vendeur proprement dit; c'est pourquoi il ne sera pas nécessaire de l'inscrire dans les soixante jours de l'adjudication, les co-partageants pourront le faire inscrire dans le délai accordé à un vendeur ordinaire.

§ IV. *Privilége des architectes, ouvriers,* etc.

Les architectes, entrepreneurs, maçons et autres ouvriers employés pour édifier, reconstruire ou réparer des bâtiments ou autres ouvrages, ont un privilége en remplissant les deux conditions suivantes : 1° ils doivent préalablement faire constater l'état des lieux avant le commencement des travaux, par un expert nommé d'office par le tribunal de première instance dans le ressort duquel les bâtiments sont situés; 2° dans les six mois de la perfection des travaux, ils sont tenus de les faire recevoir par un expert nommé comme dans le cas précédent.

Le montant du privilége ne s'étend pas à tous les déboursés de l'ouvrier; il ne peut excéder les valeurs constatées par le second procès-verbal; il se réduit à la plus value existante à l'époque de l'aliénation de l'immeuble, pourvu encore que cette plus value résulte des travaux qui ont été faits.

§ V. *Privilége des prêteurs de deniers destinés au paiement des ouvriers.*

Ceux qui ont prêté les deniers destinés au paiement des ouvriers jouissent de leur privilége, pourvu que la destination soit constatée par acte public et l'emploi justifié par la quittance authentique des ouvriers.

§ VI. *Privilége des créanciers légataires qui demandent la séparation des patrimoines.*

En qualifiant du nom de *privilége* le droit de demander la séparation des patrimoines, les rédacteurs du Code ont dénaturé ce droit et ont été inconséquents. Ils ont dénaturé ce droit, parce que la soumission d'un droit réel à l'inscription n'en change pas la nature. Ils ont été inconséquents, car pourquoi le bénéfice de séparation des patrimoines serait-il plutôt un privilége lorsqu'il a pour objet des immeubles que lorsqu'il a pour objet des meubles? Dans les deux cas la nature de ce droit n'est-elle pas la même?

§ VII. *Rang des priviléges sur certains immeubles entre eux.*

Six espèces de créanciers privilégiés sur certains immmeubles sont compris dans les articles 2103 et 2111. Mais ces six espèces de privilégiés se réduisent réellement à quatre, puisque le privilége des prêteurs de deniers est le même que celui du vendeur et des ouvriers payés avec les deniers prêtés. La question de priorité ne peut donc s'élever qu'entre le vendeur, le co-héritier, les ouvriers et les créanciers ou légataires qui demandent la séparation des patrimoines.

Entre tous ces privilégiés, la classification nous paraît facile. Nous assignons le premier rang à l'ouvrier, parce que ses travaux et ses avances ont tourné au profit de tous ceux qui ont des priviléges spéciaux sur l'immeuble. Viennent ensuite le vendeur et le co-partageant; mais entre eux, le privilége étant fondé sur une origine identique, c'est-à-dire sur le droit de propriété, nous leur appliquons la dernière disposition du paragraphe premier de l'article 2103, et les considérant comme des vendeurs successifs, nous accordons la priorité à l'un ou à l'autre, selon que le partage a suivi ou précédé la vente.

Arrivant aux créanciers et légataires qui exercent le droit de séparation des patrimoines, nous pensons qu'ils ont la préférence sur tous les priviléges qui ont une cause postérieure à l'ouverture de la succession, à l'exception de celui de l'ouvrier qui a procuré une plus-value à l'immeuble.

SECTION IV.

COMMENT SE CONSERVENT LES PRIVILÉGES.

Comme conséquence de la publicité qui forme la base de notre nouveau système hypothécaire, les priviléges sur les immeubles ne produisent d'effet entre les créanciers qu'autant qu'ils ont été rendus publics par l'inscription. Cependant on dispense de l'inscription les priviléges généraux; mais il faut remarquer que cette exception ne s'applique qu'aux créanciers entre eux; car à l'égard des tiers aucun privilége n'est dispensé de l'inscription. Dès qu'un immeuble affecté d'un privilége non inscrit, passe entre les mains d'un tiers, il est libre, et aucun droit de suite n'est accordé par le Code civil au créancier négligent. Le Code de procédure est venu modifier cet état de choses par son article 834, qui permet au créancier de s'inscrire dans la quinzaine de la transcription du contrat d'aliénation; ce délai passé, tout privilége non inscrit ne peut plus l'être.

D'après l'article 2108, le vendeur conserve son privilége par la transcription de son contrat constatant que la totalité ou partie du prix lui est due. Cette transcription vaut inscription pour le prêteur subrogé à ses droits par le même contrat. Le conservateur est tenu, sous peine de tous dommages-intérêts envers les tiers, de faire d'office l'inscription sur son registre des créances résultant de l'acte translatif de propriété, tant en faveur du vendeur que des prêteurs qui pourront aussi faire opérer la transcription de la vente si elle ne l'a pas été, à l'effet d'acquérir l'inscription de ce qui leur est dû sur le prix. Comme on le voit, la loi ne fixe aucun délai au vendeur; il peut se faire inscrire tant que l'immeuble est entre les mains de l'acquéreur; il peut même requérir l'inscription dans le cas de revente, tant que la quinzaine depuis la transcription du nouvel acte de vente n'est pas écoulée.

Le co-héritier ou co-partageant conserve son privilége en s'inscrivant dans les soixante jours à dater de l'acte de partage ou de l'adjudication. Si avant l'expiration de ce délai, le co-héritier vend l'immeuble échu à son lot, le privilége doit être inscrit dans la quinzaine de la transcription de l'acte d'aliénation, si non, il ne produira aucun effet. Cette conséquence résulte de la combinaison des articles 2106, 2109, 2166, Cod. civ. et 834 Cod. procéd.

Les architectes, maçons et autres ouvriers employés pour édifier, reconstruire ou réparer des bâtiments, canaux ou autres ouvrages, et ceux qui ont, pour les payer ou rembourser, prêté les deniers dont l'emploi a été constaté, conservent leur privilége par l'inscription du procès-verbal qui constate l'état des lieux. Mais cette inscription produit des effets différents selon qu'elle a eu lieu avant ou depuis la confection des travaux. Dans le premier cas, le privilége a un effet rétroactif; dans le second, il date seulement du jour où il a été inscrit à l'égard des créanciers hypothécaires postérieurs à l'inscription.

Si avant l'inscription du premier procès-verbal, l'immeuble est aliéné, l'architecte peut conserver son privilége en l'inscrivant avant l'expiration de la quinzaine de la transcription; ce délai écoulé avant que l'inscription fût opérée, l'acquisition de l'acheteur serait libre.

Les créanciers et légataires qui demandent la séparation des patrimoines, conservent à l'égard des créanciers de l'héritier ou représentants du défunt, leur privilége sur les immeubles de la succession, par les inscriptions faites sur chacun de ces biens dans les six mois à compter de l'ouverture de la succession.

Si l'inscription n'a pas été opérée dans les six mois, le privilége est éteint; mais il se transforme en un droit hypothécaire qui date du jour où il a été inscrit. Sous ce rapport, l'article 2111, combiné avec l'article 2113, modifie l'article 880; car l'immeuble est encore entre les mains de l'héritier, et néanmoins, la séparation des patrimoines n'aura aucun effet contre ses créanciers personnels, inscrits avant le créancier du défunt.

Dans le cas où les créanciers et légataires ne se sont pas fait inscrire dans les six mois, leur privilége est éteint, s'ils n'ont pas pris inscription dans la quinzaine de la transcription de l'acte d'aliénation.

Cette opinion paraît contredite par l'art. 880 ; cependant, cette contradiction disparaît, si l'on réfléchit qu'au moment où l'art. 880 a été rédigé, il était en harmonie avec les principes du Code civil, qui accordait seulement le droit de suite aux priviléges inscrits avant l'aliénation. Mais l'art. 834 du Code de procédure a modifié la législation sur ce point particulier, en permettant de s'inscrire dans le délai de quinzaine depuis la transcription de l'acte translatif de propriété.

Tous les priviléges soumis à la formalité de l'inscription renferment en eux-mêmes un droit hypothécaire qui survit à leur extinction ; mais ce droit n'a de rang et de date que du jour où il a été inscrit.

CHAPITRE IV.

Des hypothèques.

L'hypothèque est un droit réel sur un immeuble affecté à l'acquittement d'une obligation ; elle est indivisible par sa nature, elle suit les immeubles en quelques mains qu'ils passent.

Dans le droit romain, tout ce qui pouvait être vendu pouvait être hypothéqué, *quod emptionem venditionem recipit, etiam pignorationem recipere potest.* Dans notre ancien droit français, au contraire, un vieil adage de droit coutumier disait : *les meubles n'ont pas de suite par hypothèque.* Cette ancienne maxime a été suivie par le Code civil, et aujourd'hui encore sont seuls susceptibles d'hypothèques, 1° les biens immobiliers qui sont dans le commerce, et leurs accessoires réputés immeubles ; l'usufruit des mêmes biens et accessoires pendant le temps de sa durée (art. 2118) (1).

Le but de l'hypothèque est de procurer le droit de faire vendre la chose pour être payé sur le prix ; par conséquent, les servitudes n'étant pas susceptibles d'aliénation, ne peuvent recevoir l'hypothèque.

(1) Selon nous, il n'est pas très-exact de dire que l'usufruit est susceptible d'être hypothéqué ; car l'usufruit est un droit inhérent à la personne de l'usufruitier ; il ne peut passer à une autre personne sans s'éteindre. En conséquence, il ne peut remplir le but de l'hypothèque qui est la vente de la chose. C'est donc plutôt la faculté de percevoir les fruits, en d'autres termes, l'utilité du droit d'usufruit que le droit d'usufruit lui-même, qui est susceptible d'hypothèque.

Mais les actions immobilières, susceptibles d'être l'objet d'une expropriation forcée, peuvent très bien être hypothéquées. Ainsi, une action en revendication, une action en rescision pour cause de lésion sont valablement affectées d'un droit hypothécaire.

L'hypothèque est un droit indivisible, elle frappe toute la chose affectée, *tota est in toto, et tota in quâlibet parte*; elle s'étend à toutes les améliorations, à tous les accessoires de l'immeuble affecté.

Comme droit exceptionnel, l'hypothèque a lieu seulement dans les formes et les cas autorisés par la loi; elle est ou légale, ou judiciaire, ou conventionnelle.

SECTION PREMIÈRE.

Des hypothèques légales.

Toutes les hypothèques sont légales en ce sens que la loi règle les conditions de leur existence; mais on donne particulièrement ce nom à celles qui résultent de la seule force de la loi sans aucune stipulation ni condamnation judiciaire.

On peut énumérer cinq cas d'hypothèques légales : 1° celle des femmes mariées sur les biens de leur mari; 2° celle des mineurs sur les biens de leur tuteur; 3° celle de l'état, des communes, des établissements publics sur les biens des receveurs et administrateurs comptables; 4° celle des légataires sur les biens de la succession du testateur; 5° celle des créanciers privilégiés qui ont négligé de faire inscrire leur privilége dans les délais prescrits, sur les biens auxquels s'étendait le privilége non inscrit.

Dans les trois premiers cas, l'hypothèque frappe les immeubles présents et futurs du débiteur sous les modifications exprimées dans les art. 2140, 2145, 2161. Dans les deux derniers cas, l'hypothèque légale s'exerce seulement sur certains biens.

SECTION II.

Des hypothèques judiciaires.

L'hypothèque judiciaire s'exerce sur les immeubles présents et futurs, sauf la réduction dont nous parlerons par la suite. Elle résulte des jugements contradictoires, soit par défauts définitifs ou provisoires en faveur de celui qui les a obtenus. Mais, pour cela, le jugement doit emporter condamnation à une obligation ou déclarer légitime une obligation préexistante. Ainsi, un jugement qui n'obligerait pas l'une des parties à faire ou à donner quelque chose, tel que celui qui ordonnerait un rapport d'experts, une descente de lieux, n'emporterait pas hypothèque.

Les jugements rendus en pays étranger n'emportent hypothèque qu'autant qu'ils ont été déclarés exécutoires par un tribunal français, sans préjudice des dispositions contraires qui peuvent exister dans les traités. Cette disposition a donné lieu à la question de savoir si, pour conférer l'hypothèque, une simple ordonnance d'*exequatur* suffisait, ou s'il fallait une révision du jugement étranger. La cour de cassation a décidé que les tribunaux français ne doivent pas se borner à une simple ordonnance de *pareatis*, qu'ils doivent reviser le jugement sans distinguer s'il a été rendu pour ou contre un Français.

L'hypothèque judiciaire résulte aussi des reconnaissances ou vérifications faites en jugement de signatures apposées à un acte obligatoire sous seing-privé (1), ainsi que des décisions arbitrales lorsqu'elles ont été revêtues de l'ordonnance judiciaire d'exécution.

SECTION III.

Des hypothèques conventionnelles.

L'hypothèque conventionnelle résulte des conventions et de la forme extérieure des actes; elle ne peut être consentie que par ceux qui ont la capacité d'aliéner. Cette dernière disposition est bien absolue. En la rédigeant, le législateur était sans doute préoccupé de l'idée que l'hypothèque est une voie qui mène à l'aliénation, idée fausse dans tous les cas, hors celui où l'hypothèque est consentie

(1) Aux termes de la loi du 7 septembre 1807, si la demande en vérification a été formée avant l'échéance de la dette, le créancier ne pourra prendre inscription qu'à défaut de paiement après l'échéance ou l'exigibilité, s'il n'y a convention contraire.

pour sûreté de la dette d'un tiers sous obligation personnelle de la part de celui qui la consent. Aussi, malgré les termes formels de la loi, nous pensons que dans tous les cas où l'obligation contractée par un incapable peut être exécutée sur ses biens, l'hypothèque consentie pour sûreté de cette obligation est très valable.

Lorsque le droit d'une personne sur un immeuble est suspendu par une condition, ou résoluble dans certains cas, ou sujet à rescision, l'hypothèque consentie sur cet immeuble est soumise aux mêmes conditions ou à la même rescision. C'est là une conséquence de la maxime *resoluto jure dantis, resolvitur jus accipientis.*

Cette maxime, qui, au premier coup d'œil paraît invariable, s'efface cependant devant la règle, *non posse jus alicui semel quæsitum voluntate ejus, per quem illud quæsitum est, illi auferri.* Ainsi l'hypothèque consentie par un donataire sur l'immeuble donné n'est pas anéantie par la révocation de la donation pour cause d'ingratitude, parce qu'il dépendait de la volonté du débiteur d'être ou de n'être pas ingrat.

Chez les Romains, l'hypothèque pouvait être consentie par toute espèce d'actes et même sans acte. Chez nous, elle ne peut être constituée que par acte notarié.

Et dans le but de rejeter les hypothèques conventionnelles générales, qui diminuent toujours grandement le crédit des particuliers et causent souvent des erreurs préjudiciables au tiers, l'acte constitutif doit spécialement déclarer la nature ainsi que la situation de chacun des immeubles sur lesquels le débiteur consent le droit hypothécaire.

Règle générale : tout débiteur qui consent une hypothèque, doit avoir la propriété de l'immeuble qu'il grève, ou du moins y avoir un droit de propriété conditionnel ; une constitution ainsi conçue : *si in meum dominum hic fundus pervenerit, pignori tibi datus erit*, ne serait pas valable dans notre droit, quoiqu'elle fût reçue et même très commune dans le droit romain.

Suivant notre législation, la convention d'hypothèque sur les biens présents et à venir n'est tolérée que dans deux cas :

1° Lorsque les biens présents et libres du débiteur ne suffisent pas pour la sûreté de la créance, on lui permet, en exprimant l'insuffisance, de consentir hypothèque sur chacun des immeubles qu'il acquerra par la suite.

2°. Lorsque les immeubles présents assujétis à l'hypothèque ont péri ou éprouvé des détériorations tellement graves, qu'ils ne suffisent plus à la sûreté du créancier, celui-ci peut ou poursuivre dès-à-présent son remboursement, ou obtenir un supplément d'hypothèque. On peut demander à qui appartient le choix entre ces deux moyens? Le créancier peut-il, à sa volonté, exiger le remboursement sans que le débiteur puisse le repousser en lui offrant un supplément d'hypothèque? Selon nous, une distinction est nécessaire : si les dégradations ont eu lieu par le fait du débiteur, il est déchu du bénéfice du terme, en vertu de l'art. 1186; par conséquent, il ne peut plus offrir de supplément pour éviter le remboursement. Au contraire, si les dégradations proviennent d'une force majeure, d'un accident, le débiteur doit avoir l'option de rembourser ou de fournir un supplément. Le créancier n'aurait le droit que de demander le remboursement, et le débiteur aurait la faculté de lui offrir un supplément d'hypothèque.

Si les tiers eussent pu ignorer le montant des créances qui affectent les biens du débiteur, le système de la spécialité et de la publicité eût été bien imparfait. A quoi bon, en effet, savoir que des immeubles sont affectés, si l'on ignore pour quelle somme, si le débiteur peut le dissimuler à ceux qui se proposent de contracter avec lui? On doit donc déterminer le montant des créances, pour sûreté desquelles l'hypothèque est consentie, tant dans l'acte constitutif que dans l'inscription. Si la créance résultant de l'obligation est indéterminée dans sa valeur, le créancier doit fixer une somme dans l'inscription, somme que le débiteur pourra faire réduire, s'il y a lieu.

SECTION IV.

Du rang que les hypothèques ont entre elles.

Le classement des hypothèques ne se fait pas en raison de leur naissance; il se fait en raison de la date des inscriptions. Une hypothèque non inscrite est un droit qui n'est point vivifié, une simple faculté de prendre inscription, au moyen de laquelle on acquiert le droit de suite et de préférence.

Toutefois, il est certaines hypothèques qui sont vivifiées indépendamment de toute inscription : ce sont les hypothèques légales des mineurs et des femmes mariées. Nous allons consacrer un paragraphe particulier à chacune de ces hypothèques.

§ Ier. *Hypothèque des mineurs.*

L'hypothèque légale du mineur prend rang du jour de l'acceptation ou de l'entrée en gestion de la tutelle, pour sûreté des droits et créances dont le tuteur serait débiteur en raison de sa gestion. Elle n'a pas besoin d'être inscrite ; elle produit son effet indépendamment de toute inscription. Cette dérogation au droit commun est fondée sur la dépendance sous laquelle le mineur est placé relativement à son tuteur, et sur l'impuissance présumée du pupille de pouvoir veiller à ses intérêts.

Mais si des considérations aussi puissantes militaient en faveur des mineurs, l'intérêt des tiers exigeait aussi quelques mesures. La loi s'est empressée d'y pourvoir en obligeant les tuteurs de requérir l'inscription de l'hypothèque légale, sous peine d'être réputés stellionataires, s'ils consentaient ou laissaient prendre des priviléges ou hypothèques sur leurs immeubles, sans déclarer expressément qu'ils sont affectés au pupille.

Ces dispositions rigoureuses n'ont pas encore paru suffisantes au législateur pour atténuer les fâcheux résultats du défaut d'inscription; il a chargé le subrogé-tuteur de veiller, sous sa responsabilité personnelle, à ce que l'inscription fût faite, et il a fait un appel à tous les parents et amis, et au procureur du roi, en leur donnant le pouvoir de faire inscrire l'hypothèque du mineur.

L'hypothèque légale affectant tous les biens présents et à venir, diminue grandement le crédit du tuteur. Il était donc de toute justice de venir à son secours et de lui procurer le moyen de débarrasser ses biens des entraves qui gênent leur circulation, sans utilité pour le mineur. Ce moyen consiste dans la demande en restriction, demande dont la forme varie suivant les cas. S'il s'agit de tutelle dative, elle est faite au conseil de famille assemblé pour la nomination, et si la demande est accueillie, l'acte de nomination mentionne que l'inscription sera prise sur certains biens seulement. S'il s'agit de tutelle déjà existante, le tuteur s'adresse au tribunal en dirigeant sa demande contre le subrogé-tuteur; ensuite le tribunal, après avoir pris connaissance de l'avis du conseil de famille et entendu le procureur du roi dans ses conclusions, prononce sur la demande en restriction.

§ II. *Hypothèque des femmes mariées.*

La femme mariée a une hypothèque légale sur les biens de son mari pour les droits et créances qu'elle peut avoir contre lui. Cette hypothèque n'a pas toujours la même date. Elle date du jour de la célébration du mariage, à raison de la dot des biens présents et des conventions matrimoniales, telles que les gains de survie, le préciput, les donations faites par contrat de mariage. Elle date de l'ouverture de la succession ou du jour où les donations ont eu leur effet, à raison des sommes dotales provenant de successions échues ou de donations faites pendant le mariage. Enfin elle date du jour de l'obligation ou de la vente, à raison de l'indemnité des dettes contractées avec le mari, et du remploi des propres ou des paraphernaux aliénés.

Comme le tuteur, le mari est tenu de prendre inscription sur ses biens, sous peine d'être réputé stellionataire, s'il consent ou laisse prendre des priviléges ou des hypothèques sur ses biens sans déclarer qu'ils sont affectés à l'hypothèque légale de la femme. L'inscription peut aussi être requise par la femme elle-même, par les parents, par les amis et par le procureur du roi.

Le mari, majeur ou mineur, peu importe, a le droit de convenir dans son contrat de mariage, que l'hypothèque affectera certains immeubles seulement. Mais pour consentir à une pareille stipulation, la femme doit être majeure; si elle est mineure, le pacte de restriction est nul, quand même elle aurait été assistée de ceux dont le consentement est requis pour la validité du mariage.

Lorsque la restriction n'a pas eu lieu dans le contrat de mariage, le mari peut, avec le consentement de sa femme et l'avis des quatre plus proches parents, réunis en assemblée de famille, intenter la demande en restriction devant le tribunal, qui prononce après avoir ouï le procureur du roi dans ses conclusions.

Remarquons que toutes ces formalités sont seulement nécessaires dans le cas où les choses se passent entre le mari et la femme; car si celle-ci consentait à ne pas se prévaloir de son hypothèque au profit d'un tiers, la convention rentrerait dans le droit commun, et elle serait très-valable, pourvu que le mari eût autorisé sa femme à la consentir.

www.ingramcontent.com/pod-product-compliance
Ingram Content Group UK Ltd.
Pitfield, Milton Keynes, MK11 3LW, UK
UKHW020429220726
13923UKWH00005B/2146

9 782019 289638